Meditation für Anfänger

Die 10 besten Meditationstechniken für mehr Gelassenheit und innere Ruhe

Bonus:
10 Übungen für deinen sofortigen Erfolg

von Hanna Stark

Inhaltsverzeichnis

Einleitung

Du kennst das vielleicht? Ständig gestresst von der Arbeit, zu viele Gedanken im Kopf. Irgendwie fühlst du dich ausgelaugt und ohne Energie. Vielleicht belastet dich seelisch etwas oder dein Körper braucht einfach nur eine Pause.

Meditationen können dir helfen, wieder zu deiner Mitte zu finden, sodass du dich vollkommen entspannen kannst. Mit ihnen steigerst du deine mentale und körperliche Gesundheit und kannst neue Energie schöpfen, um die alltäglichen Hürden im Leben leichter zu meistern.

Möchtest du auch von den wunderbaren Vorteilen der Meditation profitieren? Du weißt allerdings nicht wie du anfangen sollst und wie das Ganze überhaupt funktioniert?

Dann ist dieser Ratgeber genau das Richtige für dich!

Aller Anfang ist schwer. Aber wenn du regelmäßig praktizierst, wird sich deine Arbeit auszahlen. Erfahre, wie das Meditieren deine Gesundheit steigern kann und gleichzeitig deine Lebensfreude und Energie zurückbringt. Ich zeige dir in diesem Ratgeber die zehn besten Meditationsformen und erkläre dir, wie du sie für dich persönlich und unter Berücksichtigung deiner individuellen Bedürfnisse anwenden kannst.

Finde heraus, welche Meditationsform dein Körper braucht und welche Dinge du bei der Ausführung beachten solltest:

- In welcher Position solltest du meditieren?
- Wie sollte deine Umgebung aussehen?
- Und wann ist die beste Zeit für eine Meditation?

Alles, was du wissen musst, findest du hier!

Starte noch heute mit deiner ersten Meditation! Probiere dazu die leicht anwendbaren Übungen für einen perfekten Einstieg in die Meditationswelt aus. Diese findest du im letzten Teil des Ratgebers.

Viel Spaß beim Ausprobieren und Entspannen!

(Quelle: Depositphotos.com)

Meditieren – eine Form des Seins

Dein Geist und dein Körper sind eng miteinander verbunden. Durch das Meditieren können wir nicht nur unseren Geist, sondern auch unseren Körper heilen. Allerdings ist das mit einem Mal leider nicht getan. In Wirklichkeit ist das Meditieren nämlich eine Einstellung, die du erhalten musst. Erst wenn es Teil deines Lebens wird, kannst du von den Vorteilen des Meditierens wirklich profitieren.

(Quelle: Depositphotos.com)

Die Gesundheit fördern und Krankheiten heilen

Wenn wir krank werden oder uns nicht gut fühlen, sollten wir uns eigentlich ausruhen. Der Körper sendet uns dann eindeutige Signale, dass er eine Pause benötigt. Allerdings ignorieren viele Menschen diese Signale und gehen stattdessen weiter ihren Tätigkeiten nach. Sie unterschätzen eine simple Grippe oder leichte Kopfschmerzen ganz schnell. Leider sammeln sich dadurch allerdings immer mehr Krankheiten an, denn der Körper bekommt einfach nie die Gelegenheit, sich richtig auszukurieren. Genauso ist dies mit unserer Gefühlswelt. Wir tragen mit der Zeit immer mehr verdrängte Gefühle mit uns herum, da wir sie nie wirklich zugelassen haben oder unserem Geist nie eine Pause gegönnt haben. Zur gleichen Zeit steigt der Leistungsdruck in unserer Gesellschaft und mit ihm auch der Stress. Das alles zusammen ist pures Gift für unseren Körper und macht uns schlichtweg krank!

Meditationen können uns helfen, den Stress zu reduzieren und unserem Körper eine Pause zu gönnen. Die Weisheit, die wir gleichzeitig durch das Meditieren erlangen, lässt uns das Leben gelassener wahrnehmen. In Meditationen lernen wir zum Beispiel:

- Mühe dich nicht ab.
- Lass los.
- Beurteile nicht.
- Behandle dich gut.
- Komm zur Ruhe.

Wir übertragen diese Weisheiten automatisch auf unseren Alltag und nehmen Dinge einfach gelassener. Unser Körper bildet somit einen Schutzschild vor dem Stress, der uns in der Außenwelt erwartet.

Auch hilft es uns dabei, besser auf die Stimme unseres Körpers zu hören. Wann ist für uns persönlich der Punkt erreicht, an dem wir eine Pause brauchen? Wenn wir dies wissen, dann wird ein Burn-Out für uns kaum noch eine Bedrohung darstellen. Wir wissen, wann wir aufhören müssen an Dingen festzuhalten und wann es Zeit ist loszulassen. Wir horchen tief in uns hinein und erlangen somit eine höhere Selbstwahrnehmung. Wir lernen somit uns selbst besser anzunehmen und ebenso die Menschen in unserer Umgebung.

Außerdem trainieren wir durch Meditationen unser Konzentrationsvermögen, lernen dadurch schneller und erinnern uns besser an Dinge.

Weitere Vorteile von Meditationen sind:

- Wir haben mehr Energie und Vitalität.
- Wir können biologische Prozesse im Körper anregen und Selbstheilungskräfte aktivieren.
- Wir sorgen für Ausgelassenheit und eine emotionale Balance.
- Wir sind glücklicher mit dem, was wir haben.
- Wir können besser mit Stresssituationen umgehen.
- Wir erfahren tiefgründige Einsichten über uns selbst und das Leben.

Ohne Fleiß, kein Preis

Viele Menschen glauben, dass sie nur eine Zeit lang meditieren müssen und dann wären sie völlig geheilt. Dies ist aber leider nicht so. Denn Meditationen müssen regelmäßig und langfristig ausgeführt werden, um überhaupt einen Effekt zu spüren.

Es ist völlig normal, dass man am Anfang wenig Veränderung spürt. Dein Körper muss sich langsam an die Meditationen gewöhnen. Er wird dadurch trainiert, sich den Problemen und Stressfaktoren im Leben zu stellen. Allerdings wird es nicht viel helfen, die Meditation nur über einen bestimmten Zeitraum beizubehalten. Das ist wie eine zweiwöchige Diät, die dir langfristig nicht beim Abnehmen helfen kann. Denn nur eine komplette Ernährungsumstellung kann dies erzielen. Wenn du also beim Meditieren wirklich am Ball bleibst und die Meditation zum Teil deines Lebens machst, dann kannst du langfristig von ihrem Effekt profitieren.

Versuche also wirklich regelmäßig zu meditieren. Selbst dann, wenn es dir mal an einem Tag nicht gelingen sollte, versuche den Faden nicht zu verlieren und kehre immer wieder zu deinem alten Rhythmus zurück.

Die zehn besten Mediationsformen

Damit du einen groben Überblick von den gängigsten Meditationsformen bekommst, werde ich dir hier die zehn besten Formen vorstellen. Du wirst merken, dass Meditieren weitaus mehr sein kann, als nur dazusitzen und zu atmen.

Die Achtsamkeitsmeditation

Bei der Achtsamkeitsmeditation kannst du deine Aufmerksamkeit auf verschiedene Dinge richten. Dabei soll immer ein bestimmtes Ergebnis erzielt werden. Zum Beispiel kannst du deinem **Körper** Aufmerksamkeit schenken, um dein Körperbewusstsein zu verbessern. Dabei gehst du mit der Aufmerksamkeit zu den verschiedenen Bereichen deines Körpers und „scanst" sozusagen deinen kompletten Körper. Du fängst beispielsweise bei den

Zehen an und gehst dann weiter zu deinen Fußsohlen, deinen Fußrücken, deinen Schienbeinen, usw.

Außerdem kannst du die Aufmerksamkeit auf deine **Gefühlswelt** richten. Durch den ganzen Alltagsstress, den wir tagtäglich erleben, kann es schnell dazu kommen, dass wir die eigenen Gefühle unterdrücken und sie sich in uns anstauen. Unterdrückte Gefühle sind häufig die Ursache für chronische Krankheiten. Durch die Achtsamkeitsmeditation öffnest du dich deiner Gefühlswelt gegenüber, ohne dabei selbstkritisch zu sein oder deine Gefühle zu beurteilen. Hier geht es mehr darum, dass du sie einfach nur wahrnimmst und sie an die Oberfläche bringst.

Auch den Dingen in unserer **Außenwelt** können wir Aufmerksamkeit in der Meditation schenken. Gerade in der heutigen Zeit fällt es vielen durch den Alltagsstress schwer, die Außenwelt und besonders die kleinen Dinge wahrzunehmen. Du kannst zum Beispiel den kleinsten Geräuschen um dich herum Achtung schenken oder feine Gerüche in deiner Umwelt wahrnehmen. Hier kannst du all deine Sinne nutzen, um deine Umgebung genauer unter die Lupe zu nehmen.

Die Meditation zur Entspannung

Wenn deine Gedanken mal wieder nicht aufhören können, um eine bestimmte Sache zu kreisen, auf der Arbeit mal wieder viel zu tun war und du einfach mal abschalten möchtest, dann kann eine Meditation zur Entspannung besonders hilfreich sein.

Bei dieser Form der Meditation geht es vor allem darum, dass du deine **gedankliche Aktivität** reduzierst, um dir selbst eine mentale Pause zu gönnen. Du kannst also mit jedem Ausatmen deine Gedanken einfach loslassen und nach und nach deinen Kopf frei machen. Immer dann, wenn dir ein neuer Gedanke in den Sinn kommt, lässt du ihn mit dem nächsten Ausatmen einfach wieder los. Dadurch wirst du dich nicht nur in dem Moment gelassener fühlen, sondern kannst diese Einstellung der Gelassenheit auch auf deinen Alltag übertragen. Du reagierst wahrscheinlich weniger gestresst in Situationen, die dir sonst Stress bereiten würden und dein Umfeld wird dich generell als viel entspannter und ausgeglichener wahrnehmen.

Die Konzentrationsmeditation

Die Konzentrationsmeditation kann auch als Mischung aus Achtsamkeitsmeditation und Meditation zur Entspannung gesehen werden. Du richtest dabei deine Aufmerksamkeit auf einen bestimmten Punkt. Dies kann ein Punkt sein, der sich in dir oder in deiner Außenwelt befindet.

Für einen **inneren Konzentrationspunkt** kannst du dich beispielsweise auf die Mitte deiner Stirn, also den Punkt zwischen deinen Augenbrauen, konzentrieren. Für einen **äußeren Konzentrationspunkt** kannst du dich beispielsweise auf einen bestimmten Gegenstand, wie zum Beispiel die Flamme einer Kerze konzentrieren. Dabei lässt du deine Gedanken ebenfalls immer wieder los. Sobald ein neuer Gedanke kommt, lässt du ihn wieder gehen und konzentrierst dich auf deinen Konzentrationspunkt. Dadurch wirst du innere und äußere Reize besser ausblenden können. Dies trainiert deine Konzentration, sodass du dich im Alltag besser auf dich selbst oder eine bestimmte Sache konzentrieren kannst.

Die Transzendentale Meditation

Die Transzendentale Meditation stammt ursprünglich von dem Inder *Maharishi Mahesh* und ist nicht nur eine Meditation, sondern auch eine Lehre. Sie erfordert daher immer einen bestimmten Ablauf.

Laut der Lehre kann diese Form der Meditation nur von einem speziell ausgebildeten Lehrer durchgeführt werden. Dieser wird dir dann ein bestimmtes **Mantra** zuteilen, das du während deiner Meditation immer wieder wiederholen sollst. Ein Mantra ist ein Spruch in Form eines heiligen Verses. Der Vers „Soham" bedeutet zum Beispiel „Ich bin Er" und soll dabei helfen, dass Göttliches in deinen Körper gelangen kann.

Du kannst diese Form der Mediation allerdings auch selbst ausführen. Dazu kannst du dir selbst ein Mantra suchen, von dem du denkst, dass es zu dir passt. Bevor du mit der eigentlichen Meditation beginnst, musst du dich zunächst einmal mit deinen Gefühlen auseinandersetzen, denn diese sollen dich später nicht von deiner Meditation ablenken. Sobald du in dich hineingehorcht hast und dich bereit fühlst, kannst du mit der Transzendentalen Meditation beginnen. Versuche dich nun auf dein Mantra zu fokussieren und wiederhole es immer wieder. Bei dem Mantra „Soham“ sagst du beispielsweise in deinen Gedanken bei der Einatmung „So-“ und bei der Ausatmung „-ham“. Gedanken, die dir dabei in den Sinn kommen, lässt du immer wieder gehen, sodass du nicht von deinem Mantra abschweifst.

Die Dynamische Meditation von Osho

Bei der Dynamischen Meditation von Osho (ein indischer Philosoph) geht es um fünf Phasen, die du durchlaufen musst, um blockierte Ängste und Aggressionen herauszulassen und neue Lebensenergie zu schöpfen.

Als erstes durchläufst du **die Auflade-Phase**. In dieser Phase atmest du für zehn Minuten tief ein, ohne dabei einen bestimmten Rhythmus zu folgen. Du lässt deinen Körper ganz von alleine bestimmen, wie schnell er Sauerstoff aufnehmen möchte. Dies soll dir dabei helfen, all das Unbewusste in dir sichtbar zu machen.

In der zweiten Phase, die sogenannte **Katharis**, lässt du all das, was sich in deinem Unterbewusstsein angestaut hat und du loswerden möchtest, heraus. In dieser Phase ist für zehn Minuten so gut wie alles erwünscht. Ob schreien, weinen, in ein Kissen schlagen oder was auch immer dir dabei helfen kann, deine angestauten Emotionen herauszulassen, solltest du nun tun.

In der dritten Phase erweckst du dann deine **Lebensfreude**, wobei du mit deiner Aufmerksamkeit auf dein Geschlechtsorgan gehst. Durch ein zehnminütiges Auf-und-ab-hüpfen sollen Vibrationen entstehen, die dein Geschlechtsorgan mit neuer Lebensenergie füllen.

Anschließend geht es über zur **Phase der inneren Ausbreitung**. Nachdem die Lebensfreude erweckt wurde, stoppst du mit dem Hüpfen und setzt dich hin. Dabei spürst du deiner neu erlangten Energie für 15 Minuten lang nach.

Zum Schluss soll die **Phase der Zelebration** dich wieder sanft in den Alltag gleiten lassen. In dieser Phase darfst du 15 Minuten lang tanzen und dich frei bewegen.

Die Gehmeditation

Besonders dann, wenn du deine täglichen Aktivitäten viel im Sitzen ausübst und das Gefühl hast, dass du einfach herausgehen und dich bewegen möchtest, könnte die Gehmeditation genau das Richtige für dich sein. Hierbei kannst du zum Beispiel eine bestimmte Strecke abgehen, die du vorher festlegst. Sie sollte mindestens 30 Meter lang sein. Bestenfalls findest du eine Strecke draußen in der Natur. Wenn dies aber nicht möglich ist, dann kannst du auch bei dir zuhause kürzere Strecken ablaufen oder einfach im Kreis laufen.

Am Anfang der Gehmeditation richtest du deine Aufmerksamkeit auf dein Gefühl des Körpers: „Wie fühlst du dich?“ Horche dazu in dich hinein. Dann richte deinen Blick auf den Boden vor dir, damit du weniger von äußeren Reizen abgelenkt werden kannst. Laufe nun los und gehe ganz nach deinem Gefühl in einer für dich angenehmen Geschwindigkeit. Fühlst du dich vielleicht wütend oder angespannt, kannst du evtl. etwas schneller gehen. Fühlst du dich müde oder träge, dann läufst du vielleicht eher etwas langsamer. Am Ende der Strecke angekommen, halte kurz inne und spüre der Bewegung nach. Frage dich erneut, wie du dich fühlst. Danach drehst du dich um und gehst wieder zu deinem Anfangspunkt zurück. Du kannst dabei immer wieder beobachten, wie es deinem Körper geht, wenn du gehst und wie es ihm geht, wenn du anhältst. Oder du richtest deine Aufmerksamkeit auf einen bestimmten Teil deines Körpers und fühlst immer wieder in diesen hinein.

Diese Meditation bringt dir auf der einen Seite ein besseres Körpergefühl und auf der anderen Seite ermöglicht sie dir, wie die Achtsamkeitsmeditation, einen Zugang zu deiner Gefühlswelt zu finden.

Die Chakren Meditation

Bei der Chakren Meditation geht es um 7 verschiedene Chakren (auch Energiezentren genannt), die sich in deinem Körper befinden und die du aktivieren kannst, damit sich ihre Energie frei entfalten kann. Jedes Chakra hat dabei ein bestimmtes Thema:

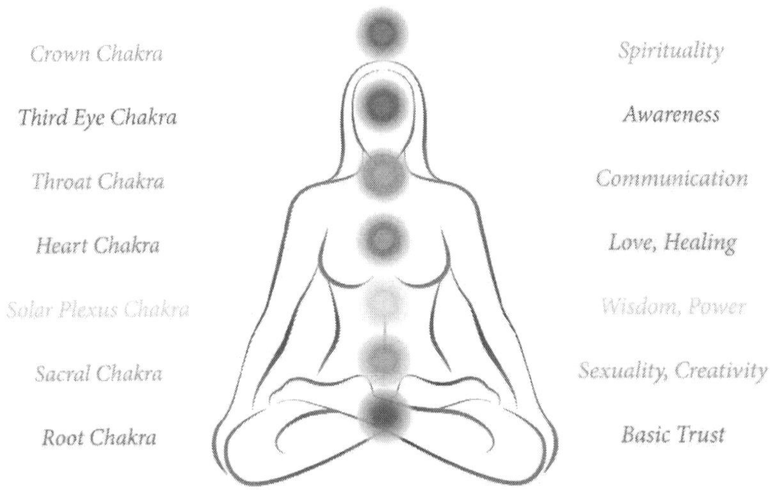

(Quelle: Depositphotos.com)

- **Wurzelchakra**: Das Wurzelchakra („Root Chakra") befindet sich am Ende deiner Wirbelsäule, bzw. an deinem Steißbein. Es steht für deine Verbundenheit zur Erde und für Urvertrauen und Sicherheit im Leben.

- **Sakralchakra:** Das Sakralchakra („Sacral Chakra“) befindet sich in deinem Unterleib und steht für Lebenslust, Kreativität und Sexualität.

- **Nabelchakra:** Das Nabelchakra („Solar Plexus Chakra“) befindet sich oberhalb deines Bauchnabels. Es steht für Durchsetzungsvermögen und Willensstärke.

- **Herzchakra:** Das Herzchakra („Heart Chakra“) befindet sich genau da, wo dein Herz sitzt. Durch dieses Chakra können wir Andere so annehmen, wie sie sind. Es steht für Offenheit und Nächstenliebe.

- **Halschakra:** Das Halschakra („Throat Chakra“) befindet sich in deinem Hals und steht für Kommunikation.

- **Stirnchakra:** Das Stirnchakra („Third Eye Chakra“) befindet sich genau zwischen deinen Augenbrauen in deiner Stirn. Es hilft dir dabei Lebensfragen zu beantworten und steht für Wahrnehmung und Bewusstsein.

- **Scheitelchakra/Kronenschakra:** Das Scheitelchakra („Crown Chakra“) befindet sich an deinem Scheitelpunkt. Das ist der höchste Punkt an deinem Kopf. Es steht für Spiritualität und Weisheit.

Bei der Chakren Meditation gibt es verschiedene Vorgehensweisen. Man kann alle Chakren in einer Meditation einmal durchgehen oder sich nur auf ein bestimmtes Chakra konzentrieren, wie beispielsweise das Wurzelchakra. Nach ein paar tiefen Atemzügen, stellst du dir vor, wie sich in deinem Beckenboden eine feuerrote leuchtende Energiekugel bildet. Mit jedem Atemzug wird diese Kugel größer und von deinem Beckenboden aus breitet sie sich langsam in deinem gesamten Körper aus. Verweile einen Moment in diesem Gefühl und genieße, wie sich dein Körper mit jedem Atemzug mit mehr Energie füllt. Wie fühlt sich diese Energie an? Du kannst dies mit jedem Chakra durchführen und damit verschiedene Energiezentren freisetzen. Spüre dabei den Unterschied zwischen den einzelnen Energien.

Durch diese Form der Meditation kannst du verschiedene Bereiche deines Körpers harmonisieren, was Einfluss auf deine jeweiligen psychischen Themen haben wird. In diesem Fall wird sich nicht nur dein Beckenboden entspannen, sondern du wirst auch mehr und mehr Urvertrauen und ein Gefühl von Sicherheit im Leben erlangen.

Pilates

Pilates ist ebenfalls eine Meditationsform und wurde von Joseph H. Pilates erfunden. Sie trainiert nicht nur den Körper, sondern auch deinen Geist. Hierbei kannst du zum einen einzelne Muskeln aktivieren und deine Körperbeweglichkeit verbessern und zum anderen zu deiner Mitte zurückfinden. Denn Pilates fokussiert sich vor allem auf die Mitte deines Körpers, insbesondere auf den Beckenboden.

Eine bekannte Übung des Pilates ist zum Beispiel das Trainieren des sogenannten **Power-House** (das Kraftzentrum in deinem Körper). Das Power-House besteht aus den vier Bauchmuskelgruppen und umschließt die Mitte deines Körpers quasi wie ein

Korsett. Zur Aktivierung des Power-House versuchst du während des Ausatmens deinen Bauchnabel zu deiner Wirbelsäule zu ziehen. Dabei spannst du deinen Beckenboden fest an. Wenn du den Beckenboden anspannst, sollte es sich ungefähr so anfühlen, als wenn du versuchen würdest deinen Harn zurückzuhalten. Beim Einatmen entspannst du dein Power-House wieder. Das bedeutet dein Bauchnabel hebt sich wieder und dein Beckenboden ist ganz entspannt.

Qi Gong & Tai Chi

Qi Gong und Thai Chi sind chinesische Meditationsformen und Bewegungsübungen. Beim **Qi Gong** fokussiert man sich besonders auf das Qi, welches die Lebensenergie darstellen soll, die sich in dem Bereich unter dem Bauchnabel befindet und von dort aus durch unseren Körper fließt. Entstehen Blockaden in unserem Körper, dann kann die Energie nicht fließen und wir werden krank. Deshalb müssen wir die Energie wieder zum Fließen bringen, damit alle

Organe versorgt werden können. Dies wird beim Qi Gong durch verschiedene Bewegungen und Konzentration erreicht.

Tai-Chi ist ähnlich zu Qi Gong. Allerdings handelt es sich beim Tai-Chi eher um eine Kampfkunst. Dabei wehrt man mit langsamen Bewegungen imaginäre Gegner ab. Es geht vor allem darum, die Fähigkeit zu erlangen, die schlechten Dinge, die „Gegner", im Leben abzuwehren.

Die Klangmeditation

Eine weitere Form der Meditation ist die Klangmeditation. Dabei werden sogenannte **Klangschalen** benutzt, mit denen Töne erzeugt werden, die eine intensive Wirkung auf unseren Körper und unsere Seele haben. Dein Geist kann dabei zur Ruhe kommen und blockierte Energien in deinem Körper können wieder freigesetzt werden. Dadurch können die Selbstheilungskräfte in dir aktiviert werden, was deine Gesundheit fördert.

Um diese Form der Meditation durchzuführen empfiehlt es sich an einer Klangmeditation in beispielsweise einer Gruppe teilzunehmen oder sich eine geführte Meditation als Audio anzuhören. Du kannst dann völlig entspannt den Klängen lauschen und vollständig loslassen.

(Quelle: Depositphotos.com)

Deine persönliche Zeit für dich

Welche Methode ist für dich die Beste?

Woher weißt du welche Art der Meditation die Beste für dich ist?

Wir sind alle individuell und haben unterschiedliche Bedürfnisse und unterschiedliche Lebensumstände. Außerdem variieren unsere Bedürfnisse täglich. Mal fühlen wir uns ausgelaugt, mal fühlen wir uns unkonzentriert. Mal wollen wir entspannen, mal wollen wir hinaus gehen und uns bewegen. Deshalb gibt es nicht wirklich die eine Meditationsform, die am besten für dich geeignet ist. Du musst dazu immer wieder in dich hineinhorchen und genau hinschauen, was du brauchst. Es ist zum Beispiel nicht notwendig dich hinzusetzen und zu entspannen, wenn du schon den ganzen Tag gesessen hast. Oder du möchtest nicht nur entspannen, sondern hast etwas auf dem Herzen oder möchtest vielleicht deine Emotionen herauslassen, die sich tagsüber angestaut haben.

Sei dabei geduldig mit dir selbst. Denn je mehr du über das Meditieren lernst, desto besser verstehst du auch, was dein Körper braucht und welche Technik dir in welchem Moment guttut.

Welche Position ist für dich die Beste?

Möchtest du lieber sitzen oder lieber liegen? Möchtest du dich lieber bewegen oder dich lieber entspannen? Welche Position für dich die Beste ist, ist ebenfalls abhängig von deiner Verfassung. Hierbei gilt: Alles, was sich für dich angenehm anfühlt, ist in Ordnung.

Die gängigsten Positionen beim Meditieren sind jedoch die Folgenden:

- **Im einfachen Schneidersitz:** Bei dieser Sitzvariante setzt du dich zuerst mit ausgestreckten Beinen auf den Boden oder ein Sitzkissen. Dann legst du deine linke Ferse an deinen rechten Oberschenkel und ziehst deine rechte Ferse an dein linkes Schienbein heran. Achte dabei darauf, dass dein Rücken gerade ist.

- **Im Fersensitz:** Hierbei setzt du dich auf deine Fersen. Du kannst dich auch auf ein Kissen oder ein Meditationsbänkchen setzen. Beide Füße sollten dabei allerdings parallel nebeneinander liegen. Dein Rücken ist wieder gerade.
- **Im halben Lotussitz:** Bei dieser Sitzvariante setzt du dich wieder zuerst mit ausgestreckten Beinen auf den Boden oder auf ein Sitzkissen. Dann legst du deine linke Ferse wieder an deinen rechten Oberschenkel. Ziehe dann deinen rechten Fuß, mit der Fußsohle nach oben zeigend, auf deinen linken Unterschenkel. Dein Rücken ist dabei gerade.
- **Im Lotussitz:** Der vollständige Lotussitz ist quasi eine Fortsetzung des halben Lotussitzes. Begebe dich dazu erst in den halben Lotussitz und lege dann den linken Fuß ebenfalls auf deinem rechten Unterschenkel ab. Die Fußsohle zeigt dabei nach oben und der Rücken ist wieder gerade.
- **Im Liegen:** Lege dich hierzu auf den Rücken und lege die Arme locker neben deinen Körper ab. Die Handflächen können nach oben oder nach unten zeigen. Damit dein Nacken nicht

verspannt, kannst du dir ein flaches Kissen unterlegen.

Probiere alle Positionen einmal aus und schaue, welche sich für dich am Angenehmsten anfühlt. Ein Kissen hat den Vorteil, dass man den Druck wegnehmen kann. Zum Beispiel werden im Sitzen meist das Knie und der Fußrücken sehr belastet und es kann dazu führen, dass die Füße einschlafen oder es sich einfach unangenehm anfühlt. Dadurch kann deine Mediation natürlich gestört werden. Auch wenn du Knie- oder Rückenprobleme hast, ist es wichtig für dich, diese Zonen mit einem Kissen zu entlasten. Im Liegen verspürst du natürlich am wenigsten Druck an diesen Körperteilen. Jedoch ist es ratsam im Sitzen zu meditieren, wenn du im Liegen schnell einschlafen solltest.

Deine Körperhaltung kann ebenfalls eine bedeutende Rolle spielen. Denn besonders im Sitzen kann die Energie nicht fließen, wenn du dich zu sehr hängen lässt.

- Achte also darauf, dass dein **Becken** möglichst nach hinten gekippt ist, damit wenig Druck auf deine Beine ausgeübt wird.
- Der **Rücken** sollte gerade sein, aber kein Hohlkreuz bilden. Betrachte dich dazu im Spiegel und schaue, dass er auf natürlicher Weise leicht gekrümmt ist.
- Ziehe deine **Schultern** nach hinten und lasse sie nach unten fallen. Achte auch während der Meditation darauf, dass du sie nicht unbewusst wieder nach oben ziehst oder zu sehr anspannst.
- Dein **Kinn** sollte dabei leicht zum Brustbein gerichtet sein. Du solltest im Nacken eine ganz leichte Dehnung spüren.

Wie sollte deine Umgebung aussehen?

Zunächst einmal ist es wichtig, dass du einen Ort wählst, an dem du möglichst **wenig Ablenkung** hast und nicht gestört wirst. Dies kann ein Ort draußen in der Natur sein oder aber auch zuhause, beispielsweise in deinem Büro oder Schlafzimmer. Es muss nicht absolut ruhig sein, denn gerade die kleinen Nebengeräusche trainieren uns mit unserer Aufmerksamkeit bei der Meditation zu bleiben. Trotzdem solltest du ein paar Dinge vor der Meditation beachten:

- Schalte dein Handy in den Flugmodus oder auf lautlos. Lege es möglichst weit von dir weg. Denn viele sind dazu geneigt, ständig auf ihr Handy zu schauen, wenn eine neue Nachricht auf dem Bildschirm erscheint oder das Handy vibriert. Mit dem Drang danach, die neue Nachricht zu lesen oder einen Anruf zu beantworten, fällt es ihnen schwer sich auf das Meditieren zu konzentrieren.

- Gebe Leuten in deiner Umgebung Bescheid, dass du meditieren wirst und für eine bestimmte Zeit nicht gestört werden möchtest.

Deine Umgebung sollte für dich eine **angenehme Atmosphäre** bieten:

- Achte darauf, dass der Ort, an dem du meditieren möchtest, nicht zu kalt, aber auch nicht zu warm ist. Du solltest weder frieren, noch schwitzen, denn das wird dich daran hindern vollkommen zu entspannen.
- Sorge für frische Luft und genügend Sauerstoff, um deinen Körper mit Energie zu versorgen. Wenn du dich drinnen aufhältst, dann kannst du evtl. ein Fenster öffnen oder kurz durchlüften.
- Sorge dafür, dass du lockere und angenehme Kleidung trägst und dich nicht eingeengt fühlst. Dies kann zum Beispiel ein weites Shirt oder ein Pullover sein. Ziehe auch deine Schuhe und evtl. die Socken aus, damit deine Füße atmen können.
- Wenn es dir angenehmer ist, dann kannst du auch den Raum ein wenig abdunkeln und ein

paar Kerzen anzünden. Das sorgt für eine besonders entspannte Atmosphäre.

- Auch Musik kann dir helfen, dich besser zu entspannen, denn sie kann sich extrem positiv auf deinen Körper auswirken. Wähle dazu die passende Musik zu deiner Meditationsform aus. Je weniger aktiv deine Meditation ist, desto ruhiger sollte auch die Musik sein. Ich kann dir hier folgende Musik empfehlen, da sie sehr entspannend ist: http://bit.ly/MeditationMusik

Zu welcher Zeit solltest du meditieren?

Wenn du regelmäßig meditieren möchtest, dann musst du dich nicht zwangsläufig auf **einen bestimmten Zeitpunkt** festlegen. Es ist viel wichtiger, dass du auf dein Gefühl hörst. Brauchst du heute eine Meditation um dich zu entspannen oder abzuschalten, dann ist es vielleicht besser für dich am Abend zu meditieren, wenn du nichts mehr zu tun hast für den Rest des Tages. Möchtest du fit in den Tag starten? Dann kannst du natürlich auch morgens meditieren. Aber auch zwischendurch kannst du kleine Meditationen in deinen Alltag einbauen, um deine Konzentration zu steigern. Manchmal passt eine Meditation auch einfach nicht in den Zeitplan, obwohl das Bedürfnis danach da ist. In diesem Fall kannst du sie nachholen. Du solltest dich aber auf jeden Fall daran erinnern, sodass du dies nicht vergisst.

Auch **die Länge der Meditation** sollte ganz deinem Gefühl entsprechen. Am Anfang solltest du daher mit kurzen Meditationen beginnen. Du kannst sie zum Beispiel jeden Tag um eine Minute verlängern, um die passende Zeit für dich zu finden. Hast du das Gefühl, dass du bei der Meditation zum Ende hin mit den Gedanken abschweifst, obwohl du versuchst dich immer wieder darauf zu konzentrieren, dann ist die Zeit wahrscheinlich zu lang. Dies gilt auch dann, wenn dein Körper zum Ende hin immer träger wird. Manchmal hast du vielleicht einen anstrengenden Tag hinter dir oder du bist emotional vielleicht zu sehr aufgewühlt, um dich lange auf das Meditieren zu fokussieren. Habe Verständnis mit dir selbst und bleibe trotzdem am Ball. Versuche es einfach am nächsten Tag noch einmal. Denn Regelmäßigkeit wird sich auszahlen!

Die Meditationsanleitung

Damit du das Wichtigste nicht vergisst, kannst du diese kurze Meditationsanleitung vor jeder Meditation einmal durchgehen:

- Sorge für eine angenehme und ungestörte **Umgebung**. Schalte dein Handy aus und achte darauf, dass du weder schwitzt noch frierst; du angenehme Kleidung trägst und frische Luft einatmest.
- Entscheide dich für eine **Meditationstechnik**. Frage dich dabei, wie du dich heute fühlst und was dein Körper und ein Geist besonders brauchen. Worauf möchtest du deinen Fokus legen?
- Finde eine angenehme **Position**, in der du meditieren möchtest. Möchtest du lieber sitzen oder liegen? Brauchst du vielleicht ein Kissen zum Unterlegen?
- Bevor du mit der Meditation startest kannst du **deinen Körper dehnen**. Das hilft dir dabei länger in einer bestimmten Position zu verweilen. Setze dich dazu in den Schneidersitz.

    - Strecke deine Wirbelsäule einmal durch, indem du die Arme nach oben streckst.
    - Dehne außerdem deinen Nacken, indem du deinen Kopf einmal herunter zur linken Schulter und einmal zur rechten Schulter ziehst.
    - Strecke deine Beine nach vorne aus und versuche mit geradem Rücken deine Fußknöchel zu umfassen.
- Achte darauf, dass du die richtige **Haltung** einnimmst. Dein Rücken sollte in der sitzenden Position immer gerade sein und dein Kopf leicht zum Brustbein geneigt sein. Deine Schultern liegen entspannt zurück und dein Becken ist leicht nach vorne gekippt.
- Bevor du nun loslegst, spüre deine **Atmung**. Atme dazu ein paar Mal tief durch die Nase ein und durch den Mund wieder aus. Entspanne deinen Körper dabei mit jeder Ausatmung ein bisschen mehr. Nun kannst du mit der Meditation beginnen!

Zehn praktische Übungen für Anfänger

Damit du einen kleinen Anhaltspunkt hast, haben wir dir zehn einfache Übungen aufgelistet, die du jederzeit, zuhause oder wo auch immer du dich gerade befindest, ausführen kannst. Du wirst merken, dass du mit jeder Übung mehr über das Meditieren lernst und weißt mit der Zeit genau, wann du welche Art von Meditation brauchst.

Übung zur Einstimmung

Zur Einstimmung kannst du diese Übung vor jeder Meditation einmal durchführen.

- **Schritt 1:** Lege dich zunächst einmal ruhig auf den Rücken und stelle deine Füße parallel zueinander auf. Stütze deinen Nacken dabei mit einem Kissen.

- **Schritt 2:** Lege jetzt deinen Fokus auf deinen Atem. Lasse ihn ganz natürlich geschehen und beobachte ihn einfach nur. Lasse ihn hinein strömen und wieder herausströmen. Entspanne dabei deinen ganzen Körper.

- **Schritt 3:** Lenke jetzt deine Aufmerksamkeit auf deine Stirn. Nehme die Dunkelheit in deiner Stirn wahr. Stelle dir vor, deine Stirn ist ein Raum mit einer Treppe, die hinabführt.

- **Schritt 4:** Gehe diese Treppe hinab. Mit jedem Ausatmen gehst du eine Stufe abwärts. Spüre dabei, wie dein Körper bei jedem Schritt nach unten alles loslässt. Lasse deinen Körper somit immer tiefer in die Unterlage einsinken und entspanne dich.

- **Schritt 5:** Wenn du das Gefühl hast unten angekommen zu sein, dann kannst du deine Beine ausstrecken und ablegen. Du bist nun in einem tiefen Entspannungszustand angekommen und bist bereit für deine anstehende Meditation.

Atemübung: Die tiefe Bauchatmung

Bei jeder Meditation spielt die Atmung eine wichtige Rolle. Besonders die Bauchatmung hilft uns dabei unseren Körper mit Energie aufzufüllen. Denn durch das Atmen in den Bauchraum können all unsere Organe versorgt werden. Oft wird in Meditationen verlangt, dass du zwischen einer Brustatmung und einer Bauchatmung wechseln sollst. Dies erfordert ein kleines Training vorab.

- **Schritt 1:** Lege dich auf den Rücken und schließe den Mund. Atme durch die Nase ein und aus.

- **Schritt 2:** Atme zuerst in die Brust. Lege dazu die Hände auf die Brust und hebe beim Einatmen deinen Brustkorb an. Du solltest nun spüren, wie sich dein Brustkorb unter deinen Händen anhebt. Wenn du dies noch verstärken möchtest, dann kannst du auch beim Einatmen gleichzeitig deinen Bauch etwas einziehen.

- **Schritt 3:** Atme aus und lasse deinen Brustkorb wieder nach unten gleiten. Wiederhole dies drei Mal.

- **Schritt 4:** Atme nun tief in deinen Bauchraum. Lege dazu die Hände auf deinen Bauch. Hebe beim Einatmen deine Bauchdecke an. Spüre unter deinen Händen, wie sich deine Bauchdecke hebt.

- **Schritt 5:** Atme aus und lasse deine Bauchdecke wieder nach unten gleiten. Wiederhole auch diese Atemtechnik drei Mal.

- **Schritt 6:** Wechsle nun ein paar Mal zwischen den beiden Atemtechniken.

Atemübung: Energie fließen lassen

Durch deine Atmung kannst du während der Meditation Energie aus deiner Umgebung aufnehmen und deinem Körper zuführen. Wenn du dich hierbei auf ein bestimmtes Chakra konzentrierst, dann kannst du die Energie aus diesem Chakra nutzen und in deinen Körper zum Fließen bringen. Konzentriere dich beispielsweise auf dein Nabelchakra:

- **Schritt 1:** Lege dich auf den Rücken und stelle deine Beine in etwa hüftbreit auf. Lehne deine Knie aneinander. Deine Hände liegen locker neben deinem Körper und die Handflächen zeigen nach oben.

- **Schritt 2:** Lege deine Hände auf deinen Bauchnabel und atme nun tief in deinen Bauchraum hinein. Konzentriere dich darauf, wie sich dein Bauch mit jedem Einatmen hebt und bei jedem Ausatmen wieder senkt.

- **Schritt 3:** Stelle dir die Energie in deinem Nabelchakra als einen gelben Energieball vor.

Er scheint hell, wie eine Sonne in deinem Bauch und strahlt von dort aus in den ganzen Körper.

- **Schritt 4:** Spüre, wie diese Energiekugel mit jedem Atemzug immer heller wird. Mit jedem Atemzug strömt die Energie direkt in dein Nabelchakra, das nach und nach den ganzen Körper ausfüllt. Verweile ein paar Atemzüge in dieser Phase, bis dein Körper gänzlich mit Energie erfüllt ist.

- **Schritt 5:** Strecke langsam deine Arme über den Kopf und atme tief ein und aus. Öffne deine Augen und spüre, wie sich dein Körper anfühlt. Merkst du einen Unterschied zu vorher? Vielleicht ist er jetzt entspannter. Oder vielleicht fühlst du dich etwas lebendiger, als vorher.

Die Aufmerksamkeit auf den Körper richten

Bei dem sogenannten Body-Scan richtest du deine Aufmerksamkeit auf deinen Körper. Dadurch kannst du lernen, besser auf deine Körpersignale zu achten und Krankheiten besser zu identifizieren. Außerdem kannst du deinen Fokus für einen Moment auf dich legen und den Alltagsstress loslassen.

- **Schritt 1:** Lege dich auf den Rücken und schließe die Augen. Sollltest du sehr müde sein, dann lass deine Augen lieber geöffnet, da du sonst sehr schnell einschlafen könntest.

- **Schritt 2:** Lege nun deinen Fokus auf deinen Atem. Spüre, wie der Bauch sich nach oben und unten bewegt. Beobachte für eine Weile, wie dies ganz von selbst geschieht.

- **Schritt 3:** Stelle dir jetzt vor, wie du mit deinem Körper die Unterlage unter dir berührst. An welchen Stellen liegst du auf dem Boden auf?

- **Schritt 4:** Lege nun deinen Fokus auf deine Zehen am linken Fuß. Wie fühlen sie sich an? Sind sie warm oder kalt? Lenke bewusst deinen Atem dorthin. Stelle dir vor, wie die Energie in deine Zehen fließt, wenn du einatmest. Sie fließt durch deine Nase in deine Lungen und deinen Bauch. Und von dort aus in deine Zehen. Beim Ausatmen fließt die alte verbrauchte Energie über den gleichen Weg wieder zurück.

- **Schritt 5:** Mache dir bewusst, dass es nicht darum geht etwas zu erreichen. Hier geht es nur um die Beobachtung deines Körpers und wie du ihn empfindest.

- **Schritt 6:** Gehe nun weiter mit deiner Aufmerksamkeit zu der Fußsohle, zum Fußrücken und zu den Fersen. Gehe nun weiter zu deinem Knöchel und deiner Wade. Arbeite dich so an deinem linken Bein hoch. Atme immer wieder tief in deine Körperteile hinein und spüre, wie sie sich mit Energie aufladen.

- **Schritt 7:** Lasse deine Gedanken dabei kommen und registriere sie einfach nur. Lasse sie immer mit dem nächsten Ausatmen wieder los. Lege dann deinen Fokus wieder auf das jeweilige Körperteil.

- **Schritt 8:** Gehe dann über zu den rechten Zehen und arbeite dich an deinem rechten Bein hoch.

- **Schritt 9:** Gehe dann weiter zu deinen Fingern und hoch zu den Schultern.

- **Schritt 10:** Fokussiere dich auf Bereiche in deinem Rumpf und gehe über deinen Hals bis zu deinem Kopf, bis du den Scheitelpunkt oben an deinem Kopf erreicht hast.

Bei dieser Meditation ist es hilfreich eine geführte Meditation zu wählen oder sich die Schritte selbst auf ein Band zu sprechen und sich während der Meditation vorzuspielen.

Die Aufmerksamkeit auf die Gefühlswelt richten

Öffne dich mit dieser Übung für deine unterdrückten Gefühle und nehme wahr, was in dir vorgeht. Wenn du deine Aufmerksamkeit auf deine Gefühle richtest, sorgst du für eine emotionale Balance in deinem Leben und wirst ausgeglichener und glücklicher im Leben.

- **Schritt 1:** Setze dich in eine Position, die dir angenehm ist und schließe deine Augen. Der Rücken ist dabei gerade und deine Schultern fallen entspannt nach hinten.

- **Schritt 2:** Lege nun deine Aufmerksamkeit auf dein Inneres. Wie geht es dir? Was fühlst du? Horche tief in dich hinein.

- **Schritt 3:** Denke nun an eine Situation, in der viele oder starke Emotionen in dir hochkamen. Es kann ein Ereignis gewesen sein, das an dem heutigen Tag geschehen ist oder aber auch an Tagen zuvor. Stelle dir diese Situation genau vor. Was geschieht in deinem Körper? Wie fühlt er sich jetzt an? Welche Emotion spürst du? In welchem Bereich deines Körpers spürst du diese Emotion? Welche Gedanken kommen in dir hoch? War es vielleicht, dass du dich nutzlos gefühlt hast? Oder ungeliebt? Wurdest du ungerecht behandelt?

- **Schritt 4:** Nehme dieses Gefühl an. Es ist vollkommen in Ordnung so zu fühlen. Aber es ist nicht in Ordnung, dies für immer mit sich herumzutragen ohne dem Gefühl die nötige Aufmerksamkeit zu schenken. Lasse dieses Gefühl nun heraus, indem du drei Mal tief einatmest und möglichst laut wieder ausatmest.

- **Schritt 5:** Denke nun an etwas, wofür du dankbar bist. Vielleicht ist es der sonnige Tag, an dem du dich erfreust oder Menschen in deiner Umgebung. Sage es dir in Gedanken vor: „Ich bin dankbar für ..." Spüre, wie sich dein Körper nun anfühlt, so erfüllt mit der Dankbarkeit in dir.
  Gehe so bei jedem Gefühl vor: Hole zuerst das negative Gefühl hoch und schaue es dir genau an. Wie fühlst du dich? Lasse das Gefühl

gehen, atme dazu drei Mal tief ein und aus und denke dann an etwas, wofür du dankbar bist. Wie fühlst du dich jetzt?

- **Schritt 6:** Beende deine Meditation, indem du deinen Fokus für eine Weile auf deinen Atem legst und ihn einen Moment lang beobachtest.

Die Gedankenlosigkeit

Durch die Gedankenlosigkeit kannst du deinen alltäglichen Stress herauslassen und deinen Kopf freimachen. Diese Übung hilft besonders gut, wenn deine Gedanken um ein bestimmtes Thema kreisen, das dich belastet und du beispielsweise nicht einschlafen kannst, weil du damit viel zu beschäftigt bist.

- **Schritt 1:** Nehme eine aufrechte Sitzhaltung ein, die dir angenehm ist. Nun werden die Augen verschlossen und es folgt eine ruhige und natürliche Atmung durch die Nase.

- **Schritt 2:** Stelle dir vor, wie die Luft beim Einatmen in deinen Körper strömt und beim Ausatmen wieder hinausströmt. Richte deine Aufmerksamkeit voll und ganz auf deinen Atem.

- **Schritt 3:** In welchem Punkt spürst du deinen Atem am meisten? Lokalisiere diesen Punkt und fokussiere dich nur auf diesen Punkt.

- **Schritt 4:** Sollte dir ein Gedanke in den Sinn kommen, dann ist das völlig in Ordnung. Nehme ihn einfach nur wahr. Stelle dir vor, deine Gedanken sind Wolken am Himmel, die einfach vorbeiziehen. Sie kommen und gehen wieder. Wichtig ist, dass du sie nicht beurteilst und einfach wieder gehen lässt, wenn sie gehen möchten. Stelle dir genau vor, wie sie am Horizont immer kleiner werden, bis sie irgendwann nicht mehr zu sehen sind.

- **Schritt 5:** Dein Himmel wird nun immer klarer und wolkenfreier. Hier und da zieht noch eine kleine Wolke vorbei.

- **Schritt 6:** Folge nun wieder deinem Atem. Richte deine Aufmerksamkeit wieder auf deinen Körper. Bewege deine Finger und deine Zehen. Strecke dich ein wenig, wenn dir danach ist und öffne deine Augen.

Die Zwei-Punkt-Meditation

Bei der Zwei-Punkt-Meditation kannst du negative Gefühle loslassen und in positive Gefühle umwandeln. Außerdem kannst du mit dieser Meditationsform Schmerzen in deinem Körper lindern, indem du deine Selbstheilungskräfte aktivierst.

- **Schritt 1:** Mache dir Gedanken zu einem Thema, was in dir negative Emotionen auslöst. Spüre wo in deinem Körper diese Emotion auftaucht. Ist es in deinem Bauch? Oder vielleicht in deinem Herzen? Vielleicht spürst du sogar einen Schmerz in einem bestimmten Bereich deines Körpers?

- **Schritt 2:** Nachdem du dein Gefühl eine Weile lang beobachtet hast, lege nun deinen Fokus auf deine linke Hand. Lege deine linke Hand genau auf die Stelle, wo du dein Gefühl lokalisiert hast, bzw. wo dein Schmerz auftaucht. Dadurch lenkst du deine Gedanken weg von dem Schmerz oder dem negativen Gefühl und fokussierst sie auf deine Hand, deinem Ankerpunkt.

- **Schritt 3:** Formuliere nun einen positiven Satz in deinen Gedanken, der dieses negative Gefühl entkräftet, bzw. den Schmerz wegnimmt. Wenn du Wut verspürst, dann könnte dein Satz lautet: „Ich reagiere auf diese Situation mit Ruhe und Gelassenheit.“ Sollte es ein Schmerz sein, den du wegnehmen möchtest, dann kannst du zum Beispiel in Gedanken sagen: „Der Schmerz beruhigt sich und ich spüre wie sich Heilung an dieser Stelle ausbreitet.“

- **Schritt 4:** Lege nun deine rechte Hand auf einen Punkt, der sich besonders warm oder besonders kalt anfühlt. Vielleicht spürst du auch irgendwo ein Kribbeln. Folge hier einfach deiner Intuition und atme beim Ablegen der Hand aus. Lasse nun den Schmerz bzw. das negative Gefühl los.

- **Schritt 5:** Lenke deine Aufmerksamkeit nun auf deine beiden Hände. Und spüre, wie die Energie durch die linke Hand in deinen Körper fließt und durch die rechte Hand wieder herausströmt. Fühle, wie dein Körper mit frischer Energie gereinigt wird.

Sollte die Stelle immer noch wehtun, bzw. das negative Gefühl immer noch da sein, dann wiederhole deine positiven Sätze noch einmal. Wiederhole sie so lange, bis der Schmerz abgeklungen ist oder bis das Gefühl deinen Körper vollständig verlassen hat.

Sollte dies nicht gelingen, kann es sein, dass erst andere Blockaden gelöst werden müssen, um diesen Schmerz bzw. dieses negative Gefühl zu lösen. Horche hierzu noch einmal tief in dich hinein.

Das Mudra

Mudras sind Zeichen, die wir mit unseren Händen und Fingern formen. Sie werden von uns manchmal ganz intuitiv und unbewusst gebildet. Wir merken es nicht immer zwangsläufig, denn unser Unterbewusstsein tut dies ganz automatisch.

Dabei hat jedes Zeichen eine Bedeutung und beschreibt ein tiefgründiges Gefühl oder einen Zustand tief in uns. Sie sind ein Ausdruck unseres Geistes. Außerdem können wir durch Mudras unser Unterbewusstsein beeinflussen.

Hierzu gibt es verschiedene Mudras, die du bei deiner Meditation bilden kannst. Zum Beispiel:

- **Das Hakini-Mudra:** Dies ist die Raute, die du mit deinen Händen bilden kannst. Lege deine Fingerspitzen auf Brusthöhe aneinander. Sie sollten sich mit wenig Druck berühren. Forme nun mit deiner Hand eine Raute, indem du die kleinen Finger und die Daumen nach unten bewegst. Die Zeige-, Mittel- und Ringfinger bilden sozusagen ein Dach. Dieses Mudra hilft dir dabei zu entspannen und fördert deine Konzentration.

- **Das Jnana-Mudra:** Deine Daumen berühren den Zeigefinger und alle anderen Finger sind abgespreizt. Dabei kannst du deine Hände auf deinen Knien ablegen. Dies wird dir dabei helfen Frieden und Ruhe in deinem Körper zu erzeugen.

- **Das Vishnu-Mudra:** Berühre mit deinen Zeigefingern und deinen Mittelfingern deine Daumen und spreize die restlichen Finger ab. Lege deine Hände ebenfalls auf deine Knie ab. Dieses Mudra wird deinem Körper helfen Energie aufzunehmen und deine Atmung unterstützen.

- **Das Karana-Mudra:** Bei diesem Mudra sind deine Mittel- und Ringfinger zu deinen Handflächen gebeugt. Deine Daumen berühren dabei deine Mittelfinger. Spreize alle restlichen Finger ab und lege beide Hände wieder auf die

Knie. Dies hilft dir bei der Reinigung und Entgiftung deines Körpers.

- **Das Kalesvara-Mudra:** Dabei legst du die Spitzen deiner Daumen und die Spitzen deiner Mittelfinger auf Brusthöhe aneinander. Die restlichen Finger ruhen mit dem zweiten Fingerglied aneinander. Dieses Mudra wirkt beruhigend auf dein Herz und lässt deine Gefühle zur Ruhe kommen.

Das Dritte Auge

Das dritte Auge sitzt genau zwischen deinen Augenbrauen, dort wo das Stirnchakra lokalisiert ist. Das Stirnchakra ist das Zentrum deiner Weisheit und kann dir helfen, tiefere Einsichten in dich selbst und das Leben zu erlangen. Für diese Übung kannst du das zuvor beschriebene Mudra benutzen.

- **Schritt 1:** Setze dich so hin, wie es dir am bequemsten ist, zum Beispiel in den einfachen Schneidersitz. Schließe deine Augen.

- **Schritt 2:** Richte deine Aufmerksamkeit auf dein drittes Auge, den Punkt zwischen deinen Augenbrauen. Stelle ihn dir als ein dunkelblaues Licht vor, in dem alle deine Gedanken und Emotionen gesammelt sind.

- **Schritt 3:** Lasse nun diesen Punkt in deinen Kopf hineinsinken. Lasse ihn sich seinen Platz ganz von alleine suchen. Atme nun tief ein und aus und spüre, wie sich der dunkelblaue Punkt immer weiter ausdehnt.

- **Schritt 4:** Lasse deine Atmung nun ganz von alleine geschehen. Lasse mit jeder Ausatmung deine Gedanken los und spüre, wie es immer klarer wird. Dein Kopf füllt sich somit immer mehr mit dem dunkelblauen Licht, das aus deinem Punkt herausstrahlt. Verweile eine Weile in dieser Phase und beobachte das Licht.

- **Schritt 5:** Mache dir nun deine Atmung wieder bewusst. Atme drei Mal tief ein und aus und öffne mit dem letzten Ausatmen deine Augen.

Die Mantra-Meditation

Die Mantra-Meditation hilft dir innere Ruhe zu finden und deinen Körper mit Kraft aufzutanken.

- **Schritt 1:** Setze dich zunächst einmal so hin, wie es dir bequem ist, zum Beispiel in den halben Lotussitz oder den einfachen Schneidersitz. Die Handflächen liegen dabei auf deinen Knien und können nach oben oder nach unten zeigen. Deine Daumen und Zeigefinger berühren sich und formen sozusagen einen Kreis.

- **Schritt 2:** Nun nehme eine ruhige Sitzhaltung ein und schließe die Augen. Achte darauf, dass dein Oberkörper aufgerichtet ist und deine Schultern leicht nach unten und hinten gerichtet sind. Sitze ganz ruhig und entspannt.

- **Schritt 3:** Jetzt führst du deinen Körper und deinen Geist durch Atemübungen zusammen. Atme tief in den Bauchraum hinein. Atme drei Sekunden lang ein, halte deinen Atem kurz und atme drei Sekunden lang aus. Beim Einatmen hebt sich deine Bauchdecke und beim Ausatmen senkt sie sich wieder. Beim Einatmen sagst du den Satz: „Ich öffne mich“ in deinen Gedanken und beim Ausatmen sagst du den Satz: „Ich lasse los“ Atme auf diese Weise für ein paar Minuten ein und aus.

- **Schritt 4:** Jetzt lässt du deinen Atem ganz von alleine geschehen und beobachtest ihn. Wenn er langsamer werden sollte, ist das ganz normal. Das ist ein Zeichen dafür, dass sich dein Geist und dein Körper entspannen. Spüre wie die Luft in deinen Körper strömt und wieder herausströmt. Bleibe so lange in dieser Phase der Meditation, bis du dich vollkommen entspannt fühlst.

- **Schritt 5:** Sage in deinen Gedanken bei jedem Ausatmen und bei jedem Einatmen den Wortlaut „Ohm“. Wo spürst du deinen Atem am meisten? Was spürst du sonst noch in dir? Siehst du etwas Bestimmtes? Hörst du etwas Bestimmtes? Dann soll genau das jetzt geschehen. Beobachte es einfach neugierig, ohne es zu beurteilen.

- **Schritt 6:** Atme ein paar Mal tief ein und aus. Spüre die neue Energie in deinem Körper. Wie fühlst du dich? Wenn du bereit bist, dann kannst du deine Augen öffnen und langsam zu deinem Alltag zurückkehren.

Zusammenfassung

Zusammenfassend lässt sich sagen, dass die Meditation für jeden Menschen eine Bereicherung seiner Lebensqualität ist. Sie hilft dir, Stress abzubauen und innere Ruhe zu finden.

Der Körper sendet Signale, wenn es ihm schlecht geht und er eine physische und psychische Regeneration benötigt. Die Meditation bietet dir hierfür eine optimale Möglichkeit, mehr Energie und Vitalität zu erlangen. Wichtig ist aber, dass die Meditation regelmäßig durchgeführt wird. Du benötigst auch ein wenig Geduld, bis erste Ergebnisse ersichtlich werden. Aber es lohnt sich!

Die vielen verschiedene Formen der Meditation ermöglichen dir eine auf dich zugeschnittene Auswahl deiner Methode. Von der klassischen Konzentrationsmeditation über die Chakren Meditation bis hin zur Klangschalenmeditation existiert eine breite Anzahl an Möglichkeiten für dich. Es macht auch Sinn, die einzelnen Alternativen auszuprobieren, bis du deine Methode gefunden hast.

Wichtig ist auch, dass du die entsprechenden Gegebenheiten schaffst, um effektiv meditieren zu können. Dazu zählen:

- die richtige Position
- die richtige Umgebung
- die richtige Zeit

Die Anleitung zur Meditation aus diesem Ratgeber hilft dir, dass du keinen wichtigen Punkt vergisst.

Durch die praktischen Übungen in diesem Ratgeber kannst du sofort loslegen und deine ersten Erfolge werden nicht lange auf sich warten lassen!

Disclaimer

Die Benutzung dieses Buches und die Umsetzung der darin enthaltenen Informationen erfolgt ausdrücklich auf eigenes Risiko. Der Verlag und auch der Autor können für etwaige Unfälle und Schäden jeder Art, die sich durch die Verwendung dieses Buches ergeben, aus keinem Rechtsgrund eine Haftung übernehmen. Haftungsansprüche gegen den Verlag und den Autor für Schäden materieller oder ideeller Art, die durch die Nutzung oder Nichtnutzung der Informationen bzw. durch die Nutzung fehlerhafter und/oder unvollständiger Informationen verursacht wurden, sind grundsätzlich ausgeschlossen. Rechts- und Schadenersatzansprüche sind daher ausgeschlossen.

Bitte beachten Sie auch, dass die im Buch aufgezeigten Übungen nicht für jeden aufgrund der entsprechend erforderlichen Fitness geeignet sind. Und die Durchführung gesundheitliche Schäden verursachen kann. Fragen Sie zur Sicherheit Ihren Arzt um Rat. Für Schäden kann nicht gehaftet werden.

Hinweis: Die Links auf externe Webseiten in diesem Buch sind Empfehlungs-Links, zu denen ich eine Provision bekomme. Wenn Du auf diese Links klickst und etwas kaufst, bekomme ich eine kleine Provision. Für dich ändert sich der Preis aber nicht und es hat keine Nachteile für dich.

Impressum:

Autor: Hanna Stark

Kontakt: Roland Rauch, Enzkofen Siedlung 13, 94447 Plattling
Covergestaltung: Hanna Stark
Coverfotos: Depositphotos.com
weitere Fotos im Buch: Depositphotos.com

38252412R00040

Printed in Poland
by Amazon Fulfillment
Poland Sp. z o.o., Wrocław